AF257570

SUPPLIQUE

A S. M. CATHOLIQUE

LE ROI D'ESPAGNE

ET DES INDES,

POUR L'ENGAGER A DONNER UNE CONSTITUTION
A SES PEUPLES,

AVEC DIVERS APERÇUS SUR LES CAUSES QUI ONT AMENÉ ET AMÈNERAIENT
ENCORE LA CHUTE DE LA MONARCHIE ABSOLUE EN ESPAGNE, ET SUR
LES INSTITUTIONS QUI PEUVENT CONVENIR A CE PAYS.

PAR M. B***.

A PARIS,

DE L'IMPRIMERIE DE FIRMIN DIDOT,

IMPRIMEUR DU ROI ET DE L'INSTITUT,

RUE JACOB, N° 24.

1823.

SUPPLIQUE

A S. M. LE ROI D'ESPAGNE.

SIRE,

Le bruit des armes ne se fait plus entendre en Espagne, mais l'Espagne n'en est pas moins encore un sujet d'inquiétude pour l'Europe et pour nous, parce que rien ne nous assure que l'incendie qui l'a dévorée pendant trois ans, et qui nous a causé tant d'alarmes, ne renaîtra pas encore de ses cendres; et s'il m'est permis de vous dire la vérité tout entière, toutes les nations, et la France surtout, attendent avec impatience le moment où Votre Majesté leur aura fait connaître le système de gouvernement qu'elle se propose de suivre définitivement à l'avenir, et duquel vont dépendre le bonheur ou le malheur de l'Espagne, et peut-être aussi le bonheur ou le malheur de l'Europe !

Sire, quelques hommes peu éclairés et qui croient qu'un souverain peut gouverner un peuple de plusieurs millions d'hommes comme un père de famille gouverne ses enfants, nous assurent que vous vous proposez de reprendre sans aucune restriction le pouvoir absolu que vous ont transmis vos ancêtres (1). Mais les hommes qui sont habitués à réfléchir sur l'art difficile de gouverner les hommes, ne peuvent croire que telle soit réellement votre intention : ils espèrent que Votre Majesté éclairée par le malheur, n'osera plus assumer sur sa tête l'effrayante responsabilité qui pèse sur les souverains absolus : ils espèrent que Votre Majesté posera elle-même des limites à son autorité, afin d'assurer pour l'avenir le bonheur du peuple que la Providence a confié à ses soins, et qui, depuis trois siècles, a eu tant à souffrir des égarements du pouvoir (2).

Mais quelle espèce de garantie Votre Majesté doit-elle donner à ses peuples ? Doit-elle établir une constitution générale pour tout son royaume, ou doit-elle donner une constitution particulière à chacune de ses provinces ?

Je sais que tous les bons esprits ne sont pas d'accord sur cette question ; mais, Sire, je le dis avec franchise, j'ai peine à concevoir leur dissentiment lorsqu'il s'agit d'un pays comme celui qui est soumis à Votre Majesté.

Qu'un souverain établisse un système particulier d'administration, un gouvernement spécial pour chacune de ses provinces, dans ces pays où la politique ou la force ont attelé au même joug des peuples étonnés de se trouver ensemble, je le conçois : mais, qu'un souverain cherche à établir ce système dans un pays où tous les citoyens reconnaissent depuis long-temps le même chef, et où les mœurs, les habitudes et le langage sont les mêmes, je ne le conçois plus ; et si les conseillers de Votre Majesté lui inspiraient une pareille pensée, je dirais ou qu'ils sont de mauvaise foi, et qu'ils se proposent de renverser un jour les institutions qu'ils se croient obligés de donner en ce moment à leur pays (3), ou qu'ils sont étrangers aux premiers éléments de la politique, puisqu'ils ne craignent pas d'énerver le pouvoir de leur souverain, en lui donnant une multitude d'entraves qui lui ôteraient pour l'avenir cette promptitude dans les délibérations et dans l'action, qui, de l'aveu de tous les publicistes, est un des plus grands avantages de la monarchie (4).

Je pense donc, Sire, que vous ne donnerez point une constitution particulière à chacune de vos provinces, mais que vous les soumettrez toutes ensemble à une seule et même constitution, sous l'empire de laquelle tous vos sujets pourront se considérer comme frères ; et la seule question qui puisse m'occuper avec intérêt, c'est de savoir dans quelle classe de citoyens il convient que Votre Majesté cherche des hommes qui puissent lui faire connaître les besoins de ses peuples, et l'aider à les satisfaire.

Le principe général sur cette matière, est que toutes les classes de la société doivent être représentées auprès du souverain, pour qu'elles puissent lui faire connaître et se faire connaître aussi réciproquement entre elles tous leurs vœux et tous leurs besoins : mais, il faut en convenir, ce principe n'est guère susceptible d'une application rigoureuse, et il est presque impossible que toutes les classes de la société soient représentées réellement. On l'a tenté dans quelques pays de l'Europe où l'on a établi une représentation particulière pour la noblesse, pour le clergé, pour la bourgeoisie, pour les paysans ou pour d'autres fractions plus ou moins intéressantes de la nation : mais outre que toutes ces représentations particulières sont bien loin encore de reproduire tous les grands intérêts, tous les intérêts distincts de la société, et que leurs débats, trop souvent fondés sur de petits motifs, allongent singulièrement les discussions, je ne vois pas que ce système ait produit plus de bien dans les pays où il a été adopté, que les systèmes moins compliqués qui ont été adoptés en d'autres pays ; et, en un mot, je crois, Sire, que Votre Majesté agira tout-à-fait dans l'intérêt de ses peuples, en ne créant pas un si grand nombre d'assemblées délibérantes, et en établissant, dans son pays, le système beaucoup plus simple qui a été adopté sur ce sujet en Angleterre et en France.

Dans ces deux pays on divise la société en trois classes : la classe supérieure, la classe moyenne, et la classe inférieure, en prenant la fortune pour base ; et on reconnaît que l'état ne peut prospérer, qu'autant que ces trois classes trouvent des garanties dans l'ordre de choses existant (5). Cependant on n'y a point donné de représentants à la classe inférieure, parce qu'il est à peu près impossible qu'en aucun pays elle en ait d'autres que la religion et l'humanité : mais on en a donné aux deux autres, en créant deux chambres, dont l'une est chargée de défendre les intérêts de la haute classe, et l'autre ceux de la classe moyenne; et, comme une longue expérience a prouvé que ce système très-simple pouvait suffire aux besoins des sociétés les plus nombreuses, je crois, Sire, que vos sujets verraient avec plaisir Votre Majesté l'introduire dans son royaume.

Et pourquoi les Espagnols ne recevraient-ils pas avec joie le gouvernement représentatif des mains de Votre Majesté ? Serait-ce parce qu'il n'a pas pris naissance dans leur pays ? Ah ! je me plais à croire que les Espagnols éclairés n'oseraient mettre en avant un pareil motif : je me plais à croire que les Espagnols ne rougiraient pas d'imiter l'exemple des Romains, qui ont souvent emprunté leurs lois et leurs usages aux peuples qui les avaient précédés dans la carrière de la civilisation et de la liberté (6) : et je me plais à croire enfin, Sire, que Votre Majesté n'éprouvera aucun obstacle à introduire dans son pays ces grandes et nobles institutions, sous l'égide desquelles se reposent aujourd'hui avec tant de gloire les deux peuples les plus civilisés de l'Europe, et qui doivent plaire à tous les peuples et à tous les rois, parce qu'elles assurent aux sujets une liberté sans licence, qui suffit au sage; et aux rois, un pouvoir qui suffit certainement à ceux qui ne veulent que le bonheur de leurs sujets (7).

Cependant, Sire, quels que soient mon admiration et mon amour pour les institutions qui régissent mon pays, je ne prétends pas que vous puissiez les adopter en entier dans votre royaume : non, je n'ai point une pareille pensée; mais ce dont je suis très-intimement convaincu, c'est qu'avec un petit nombre de modifications, Votre Majesté pourrait très-facilement naturaliser dans son pays le système de gouvernement sous lequel nous vivons, et puisse-t-elle l'y adopter bientôt ce noble et généreux système qui nous a consolés de tant de maux, et qui, en si peu de temps, nous a mis à même de faire de si grandes choses ! C'est le vœu le plus ardent de celui qui a l'honneur d'être avec le plus profond respect,

SIRE,

DE VOTRE MAJESTÉ,

Le très-humble et très-obéissant serviteur,

B***.

NOTES.

(1) Dans certains pays de l'Europe, et en Espagne, surtout, il y a des hommes qui n'ont absolument aucune idée des principes sur lesquels repose l'édifice des sociétés, et qui regardant en pitié toutes les discussions qu'enfante en d'autres pays la conduite des nations, ne veulent point reconnaître pour bon d'autre gouvernement que celui de la monarchie absolue. Le monde, disent-ils, n'a qu'un seul maître, et ce maître est tout-puissant : donc chaque nation ne doit avoir aussi qu'un maître, et ce maître doit être revêtu d'une autorité sans bornes. Peu s'en faut même que, dans leur enthousiasme pour la monarchie absolue, ils ne soutiennent que tous les hommes répandus sur la terre ne devraient être gouvernés que par un seul homme ! Mais ces idées, presque aussi anciennes que le monde dans le Midi et dans l'Orient, ne sont pas très-anciennes dans notre Europe : elles n'y datent guère que du quinzième siècle. Avant cette époque, on disait encore presque partout : « *Lex fit consensu populi et sanctione regis* », et les rois se croyaient obligés de convoquer les états-généraux ou autres assemblées du même genre, toutes les fois qu'ils croyaient devoir prendre quelques mesures importantes pour le bonheur de leurs peuples, et surtout lorsqu'ils avaient à leur demander quelques grands sacrifices pour la chose publique. Mais

vers cette époque, une grande révolution s'opéra dans le gouvernement des nations, et, s'il faut le dire, elle fut la suite de celle qui s'opéra dans le gouvernement de l'église. Les papes, qui jusqu'alors avaient été dans la même position à peu près que les rois, et qui s'étaient crus obligés de convoquer des conciles toutes les fois qu'ils avaient voulu introduire quelques grands changements dans la discipline religieuse, les papes aspirèrent à exercer dans l'église une autorité sans bornes : ils cessèrent de convoquer les conciles : les rois, à leur exemple, cessèrent de convoquer les assemblées nationales, et on prêcha en même temps aux peuples la toute-puissance des rois et l'infaillibilité du pape !

(2) Après avoir miné toutes les libertés publiques sous Ferdinand-le-Catholique et sous Charles-Quint, le pouvoir royal finit par les détruire à peu près toutes sous le règne de Philippe II ; et si, à cette époque brillante, le prestige de la gloire militaire et des conquêtes empêcha les Espagnols de s'apercevoir de la perte qu'ils faisaient, ils ne tardèrent pas à en sentir toute l'importance, lorsqu'ils se trouvèrent sous la domination de tant de souverains, incapables de manier les armes d'Hercule, et qui ne purent, comme les grands rois auxquels ils avaient succédé, offrir la gloire à leurs sujets en échange de la liberté. Mon intention n'est point de signaler ici toutes les fautes qu'on pourrait reprocher aux différents gouvernements qui se sont succédé en Espagne depuis trois siècles, car cette tâche serait bien longue et bien affligeante pour un ami de l'humanité ; et, d'ailleurs, qu'est-il besoin d'insister sur les détails ? Et lorsque tout le monde sait que depuis

que l'Espagne est soumise au pouvoir absolu, elle est tombée dans un abaissement toujours de plus en plus grand à chaque siècle, et même à chaque règne (à un petit nombre d'exceptions près); lorsque tout le monde sait que depuis cette funeste époque elle a vu son agriculture et son industrie s'anéantir, et sa population se réduire de moitié, qu'est-il besoin d'autres preuves pour juger les hommes et les institutions qui ont régi ce malheureux pays ?

Cependant, il est des hommes qui voudraient nous persuader encore que le pouvoir absolu est le seul qui puisse convenir à l'Espagne, et qu'il pourrait facilement à l'avenir réparer les maux qu'il peut lui avoir faits : mais pour moi je ne le pense pas, car je vois dans ce pays une foule de causes qui y rendront toujours le pouvoir absolu beaucoup plus dangereux qu'ailleurs pour le bonheur des peuples. Dans notre France, nous avons vécu pendant un siècle et demi à peu près sous la domination du pouvoir absolu (depuis le règne de Louis XIII); et nous aussi nous disions : « si veut le roi, « si veut la loi. » Mais il faut le dire à l'honneur de notre nation et de ceux qui l'ont gouvernée, le pouvoir n'y a presque jamais été absolu que de nom. Les bonnes et sages remontrances de nos parlements étaient presque toujours accueillies à la fin ; ou si quelquefois le pouvoir s'obstinait dans ses égarements, les peuples avaient encore mille moyens de faire connaître leurs vœux et leurs besoins à des princes que l'amour de la gloire, en temps de guerre, et l'amour du plaisir, en temps de paix, ramenaient incessamment au milieu d'eux, et qui ne punissaient jamais bien rigoureusement les leçons quelquefois sévères qu'ils y recevaient. Mais en Espagne, jamais les peuples n'ont pu jouir de pareils avantages ; jamais ils n'ont pu adresser directement leurs plaintes à des princes que de funestes conseils retenaient presque toujours enfermés au fond de leurs palais ; jamais même ils n'ont pu les adresser librement aux principaux dépositaires de l'autorité royale : car, lorsqu'on eut vu plusieurs de ces dépositaires infidèles abuser de l'autorité de leur maître pour venger leurs propres injures, et peupler les cachots, les *présides* et les déserts des victimes de leur haine ou de leur ambition, personne n'osa plus élever la voix pour éclairer le pouvoir. Et enfin, s'il faut que je résume ici mon opinion sur les effets du pouvoir absolu en France et en Espagne, voici ce que je peux dire : c'est qu'en France, où la liberté a toujours existé dans les mœurs, alors qu'elle n'existait pas encore dans les lois, le pouvoir absolu a dû être et a presque toujours été en effet très-doux ; et qu'en Espagne, où la liberté n'a jamais existé ni dans les lois ni dans les mœurs, il a dû être et a presque toujours été en effet intolérable ; et comme avec le caractère fier et vindicatif de l'Espagnol il est absolument impossible que la liberté existe jamais dans les mœurs de ce peuple, à moins qu'elle ne soit fortement tracée dans ses lois, je le dis avec l'accent de la plus intime conviction, si le pouvoir absolu s'établit de nouveau en Espagne, il y produira encore tous les maux qu'il y a déja produits.

Mais le pouvoir absolu pourrait-il bien s'établir encore en Espagne ? Pourrait-il bien s'asseoir sur la pente rapide qui entraîne aujourd'hui ce malheureux pays dans l'abîme des révolutions ?

Lorsque le pouvoir absolu était en Espagne dans

toute sa force, pas un Espagnol n'aurait osé chercher à le renverser, et c'est une chose digne de remarque, que pendant trois siècles qu'il a dominé, il n'y a presque jamais éprouvé aucune de ces secousses qui l'ont si souvent ébranlé dans les autres pays. Quelques personnes ont cru en trouver la raison dans le respect que la religion catholique commande pour le pouvoir. Mais la religion qui domine en Russie, et celle qui domine dans l'Orient, ne commandent-elles pas aussi un respect sans bornes pour le souverain? et cependant, avec tout l'ascendant qu'elles exercent sur les ames, elles n'ont pas empêché que ces pays n'aient été le théâtre d'une foule de révolutions sanglantes. Ce n'est donc pas là la raison, ou du moins la seule raison, de la sécurité dans laquelle tant de souverains absolus ont vécu en Espagne; et s'il faut la dire, la véritable raison de cette sécurité, je crois qu'on ne peut la trouver que dans l'établissement de cette institution redoutable que la religion avait d'abord fondée, mais dont la politique tira bientôt plus de parti que la religion; je crois, en un mot, qu'on ne peut la trouver que dans l'établissement de l'inquisition. Et comment aurait-on pu tenter une révolution dans un pays où une police ombrageuse, entourée d'un voile impénétrable, veillait incessamment sur les palais et sur les chaumières, et était assurée de pénétrer en peu de temps tous les secrets, ceux de l'amitié comme ceux des familles et ceux même des consciences? Comment aurait-on pu tenter une révolution dans un pays où le plus léger soupçon suffisait au pouvoir pour plonger un citoyen dans les cachots pour le reste de ses jours? Aussi, je le répète, dans les temps les plus désastreux de la monarchie, l'état n'a presque jamais été troublé : jamais surtout les souverains n'ont été menacés sur leur trône ; et s'il s'est quelquefois trouvé en Espagne, comme ailleurs, des hommes qui auraient été portés à renverser l'ordre de choses existant dans leur pays, ils y ont toujours renoncé, lorsqu'ils ont été assez de sang-froid pour calculer toutes les difficultés attachées à une pareille entreprise. Mais aujourd'hui que les temps sont changés, et si le roi d'Espagne, mal inspiré, rétablissait encore le pouvoir absolu dans son pays, combien il courrait de dangers sur un trône dont le temps a usé tous les soutiens !

Et d'abord, qu'est devenue cette inquisition, jadis le plus ferme appui du trône et de l'autel ? Dans les temps d'ignorance et de fanatisme où elle fut fondée, ses ministres ne cherchèrent point d'abord à examiner le titre en vertu duquel ils décidaient de la vie et de l'honneur de leurs concitoyens ; mais lorsque la terreur qu'ils inspiraient eut paralysé tous les esprits, et qu'ils ne purent plus trouver de coupables à punir, ils vinrent à réfléchir sur la nature de leurs fonctions redoutables, et ils furent étonnés de ne pouvoir justifier leurs rigueurs par aucun texte de cette loi divine qui ne prêche partout que la concorde et la tolérance. Depuis un siècle surtout, cette lumière a été si vive, que l'inquisition n'a plus osé redresser ses bûchers, et qu'elle n'a plus infligé que des peines insignifiantes, qui sûrement n'eussent pas été capables de contenir des hommes dominés par le génie des révolutions, s'il y en eût eu plus tôt en Espagne. Et disons ici toute la vérité, sans user de vains ménagements : abandonnée comme elle l'était depuis long-temps par tous les hommes marquants dans l'état qui tenaient autrefois à honneur d'être ses familiers, et n'ayant plus pour agents que des hommes de la plus vile populace, l'inquisition n'était plus dans ces derniers temps qu'une police ordinaire, et même la plus mal faite de toutes les polices, comme l'a prouvé l'expérience de 1820 ; et si cette institution était de nouveau rétablie en Espagne, tout annonce qu'elle ne serait absolument d'aucun secours pour l'administration, parce que tous ses ressorts sont usés, et qu'elle n'est plus dans les mœurs de l'Espagne nouvelle.

Mais si ce soutien autrefois si puissant manquait au pouvoir absolu en Espagne, il lui serait donc impossible de prévenir, d'étouffer avant leur naissance, comme il l'a fait tant de fois, les révolutions qui pourraient le menacer à l'avenir ; et si ces révolutions éclataient, comment pourrait-il les vaincre ? Ah ! pour celles qui seraient dirigées contre la personne même du monarque, il n'est que trop évident qu'elles y auraient mille chances de succès, comme celles que la vengeance ou l'ambition tentent si souvent dans les palais de Constantinople et de Saint-Pétersbourg ; et pour celles qui seraient dirigées contre la monarchie même, il n'est que trop évident aussi qu'elles seraient bien difficiles à réduire. Sur quelles classes de la société le pouvoir absolu s'appuierait-il, si une révolution cherchait à le renverser encore ? S'appuierait-il sur la classe moyenne ? Oh, non sans doute, car l'opinion de cette classe est aujourd'hui bien connue, et si dans ces derniers temps plusieurs de ses membres se sont retirés des rangs d'une révolution qui se souillait par de honteux excès, il n'en est pas moins vrai de dire que tous ceux qui la composent sont ennemis du pouvoir absolu, et soupirent après un meilleur ordre de choses. Le pouvoir absolu ne pourrait donc compter que sur la classe supérieure et sur la classe inférieure de la nation : mais ici, je le demande, de quel secours lui serait cette noblesse si pauvre et si peu nombreuse, qu'il a humiliée en toute occasion dans les temps anciens, et qu'il n'a conservée que comme un vain ornement autour du trône dans le temps de son triomphe? Et, je le demande encore, de quel secours lui serait l'alliance d'un peuple disséminé sur un territoire immense, que l'appât du gain pourrait si facilement corrompre dans les villes, et dont l'audace de quelques milliers d'hommes pourrait si facilement encore paralyser tous les efforts dans les campagnes, comme l'a prouvé l'expérience des trois dernières années? Le pouvoir absolu courrait donc de très-grands dangers, comme je l'ai dit tout à l'heure, toutes les fois qu'il serait attaqué, et les moindres efforts pourraient encore le renverser, surtout si, comme tout porte à le croire, il reprenait encore ce système déplorable que de funestes conseils lui ont fait suivre depuis 1814 jusqu'en 1820, et qui aigrissait de plus en plus ses ennemis, sans jamais leur en imposer, parce qu'il trahissait à chaque instant, aux yeux de toute l'Espagne et de toute l'Europe, la faiblesse et l'embarras de ceux qui l'avaient inventé.

Lorsque les rois d'Espagne voulurent définitivement établir le pouvoir absolu dans leur pays, vers la fin du XVe et au commencement du XVIe siècle, ils jetèrent les yeux avec inquiétude sur cette multitude de Maures, que l'amour du sol natal avait retenus sous le joug de leurs vainqueurs, mais qui, toujours attachés à la religion de leurs pères, ne leur semblèrent pas pouvoir devenir jamais des sujets fidèles : ils les exilèrent ; ils exilèrent aussi avec eux tous les Juifs ; et si l'Espagne a perdu en peu d'années, par l'effet de ces mesures, quatre millions de ses enfants, le pouvoir y a gagné trois siècles de repos ! Que Ferdinand voie, s'il veut prendre une mesure pareille contre ceux de ses sujets qui depuis quelques années ont sacrifié à la liberté (et dont le nombre peut s'élever à douze ou quinze cent mille, en comptant leurs femmes et leurs enfants), et s'il ferme toutes les écoles dans lesquelles on enseigne les sciences et les arts, s'il empêche toute relation entre son peuple et ceux qui pourraient lui communiquer les idées nouvelles, et surtout s'il rétablit l'inquisition avec ses tortures et ses bûchers, comme au temps des Torquemada, des Deza et des Valdes, il parviendra à rétablir le pouvoir absolu dans son pays. Que s'il ne veut pas à l'avenir asseoir son trône sur de pareilles bases, voici un autre moyen à l'aide duquel il peut s'assurer encore l'exercice du pouvoir absolu : qu'il ôte les armes des mains de tous les anciens soldats ; qu'il s'entoure d'une armée nombreuse, composée de tous les hommes exaltés qui se sont levés pour sa défense sur plusieurs points de l'Espagne, aux cris de *vive le roi absolu ;* et enfin, qu'il établisse dans son pays une monarchie militaire comme il en existe encore quelques-unes en Europe, et je le dis avec assurance, si le système faible et incertain que des amis imprudents lui avaient fait adopter en 1814 n'a pas pu empêcher le triomphe des partisans de la liberté, il parviendra certainement à le rendre impossible pour l'avenir par l'un comme par l'autre de ces deux systèmes..... Mais je m'arrête, car à me voir exposer froidement ces systèmes dans tous leurs détails, on pourrait croire que je les approuve! Ah! loin de moi une pareille pensée! et je me plais à espérer au contraire, que malgré tous les égarements que l'esprit de parti peut faire naître dans les têtes et dans les cœurs, il ne se trouvera pas en Espagne un seul homme qui soit porté à donner à son souverain de semblables conseils. Cependant il se pourrait que mon attente fût trompée sur ce point : eh bien, je ne désespérerais pas encore ; j'espérerais toujours dans l'humanité et dans la prudence de l'homme que la Providence a placé à la tête de douze millions de ses semblables. Non, je ne peux pas croire qu'un souverain fût assez ennemi de l'humanité pour vouloir décimer encore par l'exil une population déja tant appauvrie (et pourquoi, en définitive ? pour se mettre sous la plus honteuse dépendance); et je ne peux pas croire non plus, qu'un souverain fût assez peu éclairé pour vouloir fonder dans son pays une monarchie militaire, qui l'exposerait bientôt, lui ou ses descendants, au sort que la milice ottomane fait subir, de nos jours, à presque tous ses chefs, et que la milice romaine a fait subir à soixante-cinq de ses empereurs, au milieu du peuple le plus attaché au chrystianisme. Mais pourquoi jeter plus long-temps nos regards sur des tableaux aussi affligeants? Jetons-les plutôt avec confiance dans l'avenir, et tant que les événements n'auront point fixé nos incertitudes, espérons que Ferdinand, éclairé par le malheur, ne sera point assez jaloux des applaudissements d'une multitude insensée, pour vouloir remonter encore sur un vieux vaisseau que deux siècles de repos et quinze années de tempêtes ont entr'ouvert de toutes parts, et qui n'a échappé au naufrage que par un miracle de la Providence. Espérons que Ferdinand, inspiré par la sagesse, cherchera à ramener par la douceur tous ses enfants égarés, au lieu de prendre contre eux des mesures qui pourraient les pousser au désespoir. Et espérons enfin qu'il cherchera à prévenir pour toujours le retour des scènes affreuses qui ont affligé ses regards pendant trois ans, en donnant à ses peuples une constitution sagement combinée, qui puisse les mettre à même de lui faire connaître leurs vœux et leurs besoins autrement que par un morne silence ou par la révolte !

(3) Lorsque les Romains entrèrent en Grèce, sous prétexte de punir Philippe, roi de Macédoine, de l'assistance qu'il avait donnée à Annibal, ils attirèrent sous leurs drapeaux les Étoliens, que la conduite de ce prince avait aigris, et Philippe fut vaincu; mais peu de temps après ils se brouillèrent avec les Étoliens, comme on devait l'attendre de leur politique, et alors Philippe, animé par le désir de la vengeance, s'unissant à eux, les Étoliens furent bientôt réduits à passer sous le joug. Et voilà, il faut le dire, le sort qui attend toutes ces grandes monarchies, composées de pays d'état, lorsque le souverain est assez adroit pour employer contre ses sujets le système que les Romains employèrent contre les Grecs. Comme dans ces sortes de monarchies les charges publiques sont toujours très-inégalement réparties, et qu'une partie des provinces languit presque toujours pendant que l'autre est dans la prospérité, il est toujours facile au souverain d'en pousser quelqu'une au désespoir, et il s'ensuit une révolte dont voici l'issue : toutes les provinces traitées avec douceur se rangent du côté du pouvoir, et la province rebelle est bientôt

réduite à se rendre sans condition, c'est-à-dire en per-
dant tous les priviléges qu'elle pouvait avoir conservés,
et la paix paraît rétablie; mais bientôt le pouvoir re-
commence la même tentative contre quelque autre province, et il réussit encore ; et après qu'il est parvenu à
exercer ainsi une domination sans bornes sur plusieurs
de ses provinces, il n'a qu'à s'adresser à elles avec assurance s'il veut réduire promptement les autres au
même état, car elles ne manqueront pas de vouloir se
venger de celles qui ont aidé le pouvoir à les accabler
ou qui ne l'en ont pas empêché, et elles ne manqueront pas de faire tous leurs efforts pour le mettre à
même de les attacher à la chaîne qu'elles portent déja.
Mais il n'en peut être ainsi dans les pays où toutes les
provinces sont régies par un système uniforme; car,
comme dans ces pays le pouvoir ne peut prendre que
des mesures générales, comme il ne peut favoriser une
partie de son peuple au détriment de l'autre, il ne peut
que rendre tous ses sujets heureux ou malheureux, et
avoir ainsi toute la nation pour lui ou contre lui, ce
qui le met hors d'état d'attenter aux libertés publiques,
et l'empêche même d'en concevoir la pensée.

(4) J'ai dit dans la note précédente, et je crois avoir
prouvé que le système de monarchie fédérative, que
quelques personnes désireraient voir établi en Espagne,
est dangereux pour les peuples qui veulent conserver
leur liberté intérieure, en ce qu'il les expose sans défense aux envahissements du pouvoir; mais je vais plus
loin, et je dis qu'il est dangereux aussi pour les peuples
qui veulent conserver leur liberté extérieure, parce
qu'il les met dans un état d'infériorité tout-à-fait sen-
sible dans les guerres qu'ils peuvent avoir à soutenir

contre leurs voisins, alors même que toutes les provinces sont également fidèles au pacte social (ce qui,
comme on sait, n'arrive pas toujours); et si cette asser-
tion a besoin de justification, je citerai l'exemple de
l'Autriche, qui est, je crois, de tous les pays de l'Europe, celui où il y a le plus d'états provinciaux, comme
ceux dont il est ici question. Dans ce pays, comme
autrefois en France, les états ne traitent pas leur souverain avec trop de parcimonie, et ils lui accordent
assez généreusement les subsides, et surtout les hommes qu'il leur demande; mais comme tout cela n'est
réglé que pour l'état de paix, c'est une chose vraiment
digne de pitié que de voir l'embarras dans lequel le
pouvoir se trouve, lorsque une guerre imminente ou
les revers d'une première campagne l'obligent à demander à ses sujets des secours extraordinaires; et
quelle que soit l'activité qu'il déploie dans ces moments,
quel que soit le zèle des hommes qui composent les
états, et qui sont tous très-intéressés, par leur fortune
ou leur position sociale, à la conservation de l'ordre de
choses existant, il n'en est pas moins vrai de dire que
les vices et les lenteurs qui résultent de ce système sont
tels, qu'ils ont plus d'une fois compromis le salut de
tout l'empire, et principalement dans les guerres qu'il
a eu à soutenir contre la France. N'est-ce pas un fait
constant, surtout, que dans les guerres de la révolution
l'Autriche n'a presque jamais pu entrer en ligne avec
ses alliés au temps convenu, et qu'elle a presque toujours vu la moitié de ses provinces envahies, avant
que ses préparatifs de guerre fussent terminés ou que
ses premiers revers fussent réparés? Et si ce système
produit des inconvénients si sensibles en Autriche, je

le demande à ceux qui connaissent le génie et les habitudes du peuple Espagnol, ne produirait-il pas des inconvénients plus sensibles encore en Espagne ?

(5) Dans tous les pays où la propriété est établie, il y a nécessairement des hommes qui ont beaucoup, d'autres qui ont peu, et d'autres qui n'ont rien ; et, certes, quoi qu'en puissent dire les partisans de la liberté et de l'égalité absolues, il n'y a point de bonne constitution, de constitution durable, là ou tous ces intérêts ne sont pas bien représentés et où une de ces trois classes peut opprimer les autres.

Au surplus, lorsque je dis ici que c'est la fortune qui décide de la composition de chaque classe, je ne prétends pas qu'aucune considération autre que celle-là ne puisse faire parvenir à la classe supérieure les hommes des classes inférieures, et j'admets au contraire, comme une chose très-raisonnable et de la plus haute importance en politique, que les grands services rendus à l'état puissent y conduire ; mais hors ces cas, la fortune reprend certainement à tous les yeux l'importance que je lui attribue ici.

(6) Tout le monde sait que les Romains ont emprunté aux Athéniens leur loi des Douze Tables.

(7) Les partisans du pouvoir absolu ne manquent pas de dire que le gouvernement représentatif est une affaire de mode, et que la mode en passera comme celle des républiques qui a long-temps subsisté : mais les hommes qui réfléchissent avec calme sur l'art de gouverner les nations, espèrent que ce mode de gouvernement sera toujours en honneur parmi les hommes, parce qu'il offre réellement aux peuples des gages de sécurité et de bonheur, beaucoup plus grands que ceux

que peuvent leur offrir les gouvernements qui parais-
sent plus séduisants en apparence.

Voyez ces démocraties brillantes au sein desquelles
s'agite un peuple fier de sa liberté : tant que l'égalité y
existe, et non pas seulement dans les lois, mais dans
les mœurs et surtout dans les fortunes, elles jouissent
d'un éclat qui séduit les hommes les plus sages ; mais
du moment où l'inégalité s'y introduit, du moment où
il s'y trouve des riches et des pauvres, elles ne présen-
tent plus que le spectacle de la confusion. Les riches
n'entendent plus la liberté comme les autres citoyens,
et ils font cause à part : les pauvres s'indignent de leurs
prétentions et ils veulent rétablir violemment l'égalité :
ceux-ci emploient la force, ceux-là emploient l'adresse ;
et tout ce peuple après s'être assis pendant quelques
jours aux banquets de l'anarchie, se réveille dans les
bras du despotisme !

Voyez ces aristocraties puissantes dans lesquelles un
petit nombre d'hommes commande à la multitude :
tant que la justice et la modération président aux actes
du corps des grands, et que tous ses membres, satisfaits
de la portion de souveraineté que la constitution leur
attribue, vivent entre eux sur le pied de l'égalité dé-
mocratique, l'aristocratie se soutient avec honneur ;
mais lorsque l'inégalité s'est introduite dans le corps
des grands, lorsque certaines familles ont acquis sur
les autres un ascendant marqué par leurs richesses, et
lorsqu'au lieu de songer comme autrefois à se distin-
guer par des choses utiles à l'état, chacun ne s'occupe
plus à l'emporter sur ses rivaux que par un luxe effréné
et de basses intrigues ou d'odieuses injustices, qui
sont, pour les peuples, un sujet de scandale ou de dé-

sespoir, la révolution n'est pas loin; et si l'aristocratie ne succombe pas sous le poids de l'indignation publique, il se trouvera bientôt dans son sein un homme plus ambitieux et plus hardi que les autres qui la renversera, en disant comme César : « J'aimerais mieux être « le premier dans un village que le second dans Rome. »

Voyez ces monarchies immenses dans lesquelles un seul homme commande en maître absolu à plusieurs millions de ses semblables : si le souverain est jeune, s'il s'occupe avec soin des affaires publiques, s'il n'impose pas des charges trop considérables à ses sujets, et s'il les occupe constamment à de grandes choses, en leur distribuant ses faveurs avec un sage ménagement, et enfin s'il réunit en sa personne un grand nombre de perfections, il est bien assuré sur son trône, et l'état prospère; mais s'il est vieux ou s'il est facile à tromper ou à effrayer, et si le ciel ne lui a départi que de médiocres talents, toutes les classes de la société s'agitent autour de lui, et les moindres efforts peuvent alors renverser le monarque et la monarchie.

Et pourquoi tous ces gouvernements succombent-ils si facilement lorsque leur principe est corrompu ? c'est qu'ils n'ont dans leur constitution aucun contre-poids qui puisse les arrêter sur la pente rapide qui les entraîne quelquefois au mal : c'est que le pouvoir de faire le bien et le mal appartenant sans division à un homme ou à des hommes dont l'intérêt est distinct de l'intérêt du reste des citoyens, ceux qui sont opprimés n'ont aucune justice, aucun soulagement à espérer, et sont promptement poussés au désespoir par le spectacle de leurs maux présents et par celui des maux qui les attendent inévitablement dans l'avenir. Et en effet, dans les monarchies absolues, lorsque le souverain est corrompu ou trompé, et que l'éducation de ses enfants est confiée à des hommes pervers, quels moyens le peuple peut-il employer pour se soustraire aux vexations du pouvoir si ce n'est la révolte? et au milieu d'une démocratie dépravée, comment les riches pourraient-ils assurer leur salut s'ils ne renversaient pas la liberté qui les accable, s'ils ne donnaient pas un maître à leurs tyrans? Et n'est-ce pas aussi la seule ressource qui reste à des peuples opprimés par une aristocratie turbulente et corrompue; comme ils en ont usé ouvertement en Danemarck lors de la mémorable révolution de 1681, et comme ils en ont usé tacitement en France au temps de la féodalité? Mais dans les gouvernements représentatifs de pareilles extrémités ne sont point à craindre: car comme il est posé en principe dans ces gouvernements, qu'aucune grande mesure ne peut être prise sans le consentement du roi, du peuple et des grands, il est bien difficile qu'un de ces trois pouvoirs parvienne à opprimer les deux autres; ou si, par suite de quelque circonstance extraordinaire, un d'eux venait à acquérir sur les deux autres un ascendant trop marqué, et qui nuisît à leur liberté, une union intime entre ces deux derniers rétablirait promptement l'équilibre.

Que dans ce gouvernement le peuple vienne à être agité par de perfides insinuations et qu'il veuille outre-passer les limites de sa liberté légale, assurément la tempête s'annoncera long-temps à l'avance dans un gouvernement où les partis toujours en présence sont, pour ainsi dire, obligés de conspirer sur la place publique; et si le roi avec toutes les forces que lui donnent les prérogatives de sa couronne, et les grands avec toute leur clientèle, s'unissent et agissent promptement, que pourra contre eux une multitude aveugle et indisciplinable que dispersera bientôt le sentiment du besoin ?

Mais si les grands cherchaient à établir leur domination au-dessus du souverain et du peuple, le souverain et le peuple en s'unissant pourraient-ils bien parvenir à conserver leur liberté ? Oui, je n'en fais aucun doute, ils y parviendraient. Et d'abord, par combien d'appâts le roi ne pourrait-il pas ramener à son parti les principaux chefs de ce corps, que de petits motifs d'amour-propre, de vanité offensée, auraient presque toujours seuls éloignés de son palais ? ou si les chefs des grands étaient insensibles aux avances de la cour, croit-on qu'elles seraient sans effet sur ceux qui n'occupent que les derniers rangs dans ce corps, et qu'ils ne préféreraient pas un établissement certain que le roi pourrait leur donner sur-le-champ, aux avantages incertains qu'ils pourraient attendre d'une pareille révolution ? Et enfin, si l'on veut admettre que les graces de la cour seraient sans effet sur le corps des grands tout entier, ce qu'il est presque impossible de supposer, on admettra du moins qu'elles en auraient beaucoup sur un peuple qui renferme toujours de grands talents contrariés par la fortune, et qui ne pourrait voir d'ailleurs avec indifférence l'attentat des grands sur sa liberté, et on ne pourra s'empêcher de reconnaître qu'il serait bien facile au souverain de parer tous les dangers qui pourraient lui venir de ceux-ci, par une union plus intime avec le peuple, puisque s'il ne lui est pas permis de dissoudre le corps des grands, il peut du moins paralyser toute son action dans les temps de crise, en lui associant les principaux du peuple comme la constitution le lui permet.

Et enfin, si non content des prérogatives immenses dont il jouit dans le gouvernement représentatif et qui doivent, je crois, suffire à l'ambition d'un homme, un souverain cherchait à établir le pouvoir absolu dans son pays, le pourrait-il? Non, il ne le pourrait pas: car outre qu'il lui serait bien difficile de cacher long-temps ses projets dans un palais où tant d'échos trahiraient sa voix, il faudrait qu'il eût un grand nombre d'auxiliaires, et comment parviendrait-il à en trouver dans sa nation? Le plus fort de tous les sentiments, celui qui se manifeste le plus et en toute occasion dans un pareil gouvernement, c'est la haine de l'arbitraire; et si cette haine se prononce incessamment au milieu d'un peuple fier de son indépendance, et qui se console des jouissances que la fortune lui a refusées par l'usage journalier de sa liberté, qu'on se le persuade bien, elle n'est guère moins prononcée dans le corps des grands; et pour peu que la liberté eût eu le temps de prendre racine dans les cœurs, il n'y aurait certainement, dans un gouvernement représentatif, qu'un bien petit nombre de grands qui seraient assez peu éclairés pour préférer au rôle brillant qu'ils remplisssent dans leur patrie, les faveurs passagères d'un souverain dont ils ne seraient que les premiers esclaves!

D'après ce que je viens de dire, on voit que le gouvernement représentatif renferme réellement de très-grandes garanties pour toutes les classes de la société, et qu'il serait bien difficile de le renverser : cependant je ne dis pas que cela serait impossible; car il est certain que les nations ont des moments de vertige où il est bien difficile de les gouverner, et où tous les esprits se passionnant pour de vains systèmes, il ne reste plus d'autre alternative pour les peuples que l'anarchie ou le despotisme. Mais heureusement ces moments de vertige sont bien rares (dans les pays surtout où règne le gouvernement représentatif, et où toutes les opinions pouvant être émises et discutées publiquement, il est bien difficile qu'aucune d'elles acquière cette intensité qui les rend si redoutables dans les pays où on cherche à les comprimer trop long-temps); et ce qui doit achever d'ailleurs de rassurer tous les esprits sur le compte du gouvernement représentatif, et lui concilier l'estime de tous les hommes éclairés, c'est le spectacle imposant des grands et nobles résultats qu'il a produits dans un des plus beaux pays de l'Europe, depuis qu'il y est établi du consentement de toutes les classes de la société. Que l'on compare l'état de l'Angleterre depuis un siècle et demi, avec celui des nations qui ont été les mieux administrées pendant le même espace de temps, et qu'on nous dise s'il en est une seule qui puisse lui opposer une aussi longue période de gloire et de bonheur. Et lorsqu'à des résultats aussi satisfaisants on peut ajouter encore les résultats immenses que le gouvernement représentatif a produits parmi nous depuis qu'un souverain généreux nous l'a accordé avec des libertés qui ont plus d'une fois surpassé nos désirs, comment n'espérerions nous pas voir un jour ce noble gouvernement adopté par toutes les grandes monarchies qui nous entourent ? Et plaise au ciel que cette grande révolution ait lieu bientôt ! Plaise au ciel qu'elle ait lieu avant que l'anarchie ait recueilli ce que tant de gens croient semer aujourd'hui pour le pouvoir ! Ah! si ma faible voix pouvait parvenir jusqu'au palais des rois, je leur dirais avec l'accent de la plus vive inquiétude, de la plus intime conviction : Songez à la situation dans laquelle se trouve aujourd'hui l'Europe : songez à cette multitude d'hommes armés, que des guerres de géants ont fait sortir de leur sphère depuis trente ans et qui combattent encore aujourd'hui pour vous, mais qui demain peut-être, si vous ne pouvez pas les récompenser au gré de leurs vœux, vous menaceront dans vos palais, comme les soldats du Portugal, de Naples, du Piémont, et de cette Espagne naguère encore si renommée par sa fidélité, ont menacé leurs souverains. Et au lieu d'attendre que des multitudes aveugles viennent vous forcer à leur donner l'anarchie, ah! profitez des loisirs de la paix pour donner à vos peuples ces grandes et généreuses institutions, qui font aujourd'hui le bonheur des deux peuples les plus civilisés de l'Europe, et qui peuvent également faire le bonheur de tous les grands peuples de la terre, parce qu'elles leur assurent tous les avantages réels de la république (la liberté et l'égalité devant la loi), et tous les avantages réels de la monarchie (l'unité dans les vues et dans l'action), sans les exposer à cette agitation funeste qui empoisonne si souvent la jouissance de la liberté dans les républiques, et sans les condamner à cette affreuse léthargie dans laquelle on voit languir partout les peuples soumis depuis long-temps au pouvoir absolu.